TAKE ME TO MON REPOS

A PLAY IN TWO ACTS
BY TRAVIS WEEKES
WITH A TRANSLATION INTO KWÉYÒL
BY ALLAN WEEKES

About the playwright:
Dr. Travis Weekes is an award-winning St. Lucian actor, poet, playwright, director, and cultural critic. Currently the theatre co-ordinator and a lecturer at the Department of Creative and Festival Arts, UWI, St. Augustine, Dr. Weekes has written several plays including: Let There Be Jazz, Bodies, Memories and Spirits, The Fight for Belle Vue and The Field of Power.

Take Me to Mon Repos was translated to *Mennen Mwen Mon Repos* by Allan Weekes

Many thanks to the Campus Research and Publication Fund Committee, UWI, Saint Augustine, for funding the project.
Translation edited by Brenda Calixte

CaribbeanReads Publishing, Washington D.C. 20006
First Edition
All rights reserved.
Printed in the USA
ISBN: 978-1953747310

TABLE OF CONTENTS

ENGLISH

KWÉYÒL

FOR THE SAINT LUCIAN FREEDOM
FIGHTERS, UNNAMED.

PRODUCTIONS

"Mennen Mwen Mon Repos," directed by the author, was first presented on Sunday July 31, 2022 at the Wellington Branch Library with the following cast:

ACTORS IN ORDER OF APPEARANCE

Bwigan: Richard Ambroise
Bernelle: Trician Augustine-Dangerville
Catherine: Sandra James
Garnier: Curtis Stephen

DANCERS AND SINGERS

Barbara Dormand

Anastasia Fevrier

Petra Stephen

Hemish Phillip

Sandra James

Tricia Agustine Dangervil

Curtis Stephen

Richard Ambroise (Choreographer)

SETTING

The play is set in Saint Lucia between 1794-1796 when the French Republican government first abolished slavery in its colonies. This was the period of the famous Brigand Wars when runaway slaves, also known as the Neg Mawon, waged a fierce battle against both French Royalists planters and the British who had invaded the island to reimpose slavery. The action takes place in and on the grounds of a plantation house.

CHARACTERS

Bwigan: A runaway slave, late twenties.

Bernelle: A house slave, early twenties.

Garnier: A slaveowner—in his sixties

Catherine: Garnier's wife, a poet, also in her sixties.

A (Solo) group of dancers and singers.

PROLOGUE

(Darkness. We hear the voice of a lone chantwelle then
the response of the chorus. Then we hear drums. The
tempo increases and dancers take the stage.)

M'a bon isya maka manjé
Mennen mwen Mon Repos
M'a bon isya maka dòmi
Mennen mwen Mon Repos
M'a bon isya maka kouché
Mennen mwen Mon Repos
M'a bon isya maka dansé
Mennen mwen Mon Repos
M'a bon isya mwen las bwilé
Mennen mwen Mon Repos
Ma bon isya, mwen las hélé
Mennen mwen Mon Repos

CHORUS

Jwenn mwen akoté mama-mwen
Volè mwen sé ou ki aché twen
Halé mwen lame mwen ka soufè
Mwen pa bon isya, n'a wè mizè
 M'a bon isya maka manjé
Mennen mwen Mon Repos
M'a bon isya maka dòmi

CHORUS (continued)

Mennen mwen Mon Repos
M'a bon isya maka kouché
Mennen mwen Mon Repos
M'a bon isya maka dansé
Mennen mwen Mon Repos
M'a bon isya mwen las bwilé
Mennen mwen Mon Repos
Ma bon isya, mwen las hélé
Mennen mwen Mon Repos

Tout twavay ou fè mwen fe ba ou
Lèsklavay sèl sa ou wè ban nou
Si'w sé bèt, se nou ki zanimo
Nou ka fè chimen èk san nou cho

(Dance and music rise to a frenzy then the dancers
exit.)

4

ACT ONE
SCENE ONE

(Midnight. Bernelle is seen walking stealthily in the moonlight across the lawn in front of the Great House. She casts quick nervous glances behind her as she moves. Bwigan is waiting for her in the shadows at the side of the house. He motions to her, she joins him, and they embrace.)

BWIGAN

We must leave now. We on a mission, Bernelle. We taking our freedom. Let me show you. (Takes out a sheet of paper from his pocket and unfolds it) Look. I am happy you teach me to read. France say we no more slaves.

BERNELLE

Shh. Not too much noise. Where you come from Bwigan? The master was talking about the slaves that escape from Marquis. Look at your hands. You bruise them. Where?

BWIGAN

Climbing over rocks behind Dauphin to reach here. No more abuse we not taking, breaking our backs in the hot sun. On purpose they keeping us in sufferation, Bernelle. We not taking it anymore.

BERNELLE

So what happen. Ki twakasman zòt fè? What you do?

BWIGAN

We burning down the place. Nou ka pwi difé toutpa-
tout nou pwen. When we burn Marquis, we run and
climb over the rocks till we reach Esperance where
we help the men break the chains. Now they heading
down to Praslin to help the others. I tell them go ahead
because I must meet you. Bernelle, what you waiting
for? Now is the time.

BERNELLE

You hear of my father?
(Bwigan nods)
Although the picture of the muscles in his strong arms
stick in my mind, my eyes never see him since my
mother die. Where we going? If a strong man like my
father never come back, maybe the whites catch him
and kill him. Who say they will not do the same thing
to us? I not leaving when I don't know exactly where
I going. Look at how the whole place is a komès. The
masters anwajé since our men burn the church. They
see it as a curse. Worse when they force the white priest
to dance to tambou. The whites are on the lookout,
Bwigan. It is not safe.

BWIGAN

You want to stay here.

6

BWIGAN (continued)

serving that white man and his wife?

Passing the rest of your life

saying "yes Master, no Master,

yes Madame, no Madame.

BERNELLE

I safe here.

BWIGAN

Safe as a slave?

They own you. You don't have a life.

Bernelle, listen to me,

I cannot leave you here.

Remember when they taking you from the field?

You hold my arm with a promise

that we would take our freedom

in the high of the moon.

BERNELLE

Yes, but listen to the night.

The sound of the kannou

bursting from the mountains making me tremble.

Yesterday the master declare

he would train "plus negres" for the French side

because he get the news the British will send more

troops, Bwigan.

Blood will fall like rain in the soil.

I doh want it to be mine.

Feel the drizzle how it cold.

BWIGAN

Stay close.
Not we that make the enemy,
that house make you fear.
Outside is freedom.
We have to reach Flore Gaillard.
The mountain they holding up there
have a peak like Petit Piton.
If we follow the track near the river,
follow the sound of the swooshing water,
we can get to Derameau,
run to La Guerre,
cut across to Babonneau,
then walk to reach Flore.

BERNELLE

Fire burning everywhere, Bwigan.
You not smelling it?
The trees? The grass?
You not hearing branches cracking
as the fire eating them up?
Where we going?

BWIGAN

There's a hill far in the East
where we'll find peace.
We will build our house there
when the smoke clears.
But first to that mountain by Flore.

BERNELLE

Make me understand
why we must join Flore.

BWIGAN

For our protection.
Piton Flore is the look out.
To the West, we see Cul de Sac
even as far as Choc.
To the East
we see the valley.
Any attack, will not surprise us.
So we know how to move.
Once we clear, we race to that place.

BERNELLE

Where? What is the name of that place?
I need a roof over my head, Bwigan.
I have no mother, no father.
and I cannot sleep in the bush like you.
Or on tree like manicou.
Look how hot you are.
I feel the tugging of life.
I want my own children.
We cannot build a nest from straw.
How long I have to wait again?
This far off place you speak of, Bwigan?
What is the name?

BWIGAN

Mon Repos.

BERNELLE

Mon Repos?

Mennen mwen Mon Repos, Bwigan

Mennen mwen Mon Repos

Chayé mwen la

Mwen las

Chayé mwen koté mwen sa asid

Pozé ti ko mwen asou yon ban

Mwen épi'w

Lonjé

Byen èstalé

Anba pyé zanman-an

Ka pwen van

Ko sé toutwel la tout oliwon

Pa pè fè bon lanmou

Menm an lakou

Chayé mwen la-doudou-a

Ko nou sa kouché an lapé

Chayé mwen la

San twakasman

Chayé mwen doudou-a

Chayé mwen

Mennen mwen Mon Repos.

(Drums solo, chants, Chantwelle takes over, group dances)

CHANTWELLE

Mennen mwen Mon Repos

Chayé mwen souplé

Mété mwen Mon Repos

Mennen mwen Bondyé

Mété mwen Mon Repos

Wédi mwen sesé

Mété mwen Mon Repos

Gadé mwen pwédyé

Mété mwen Mon Repos

ACT ONE
SCENE TWO

(Morning. Inside Master Garnier's house. Garnier is
standing but restless. His wife, Catherine, is seated.)

GARNIER

Ever since the French Revolution
and Boukman's magie noir in Saint Domingue
we have no peace.
We're losing everything, carre by carre.
We're losing with every shipment to France.
What we make can't cover our costs. Bon Dieu, when
will we recover? I can't see, not through this smoke.
Republicanism it seems, means
setting fire to the plantations
and burning down the churches.
They're out to destroy
not just the Monarchy
but even our God.

CATHERINE

We should have left here three years ago, vamoose
when Saint Domingue came crashing.
I begged you to take the offer in Trinidad.
The Spanish are offering land at no cost.
I knew here wasn't going to be the same.
We heard the ramblings years before,
after the storming of the Bastille.

GARNIER

Suddenly everyone had become "sans culotte."

Petit Blans like you found power slogans:

Liberté, Fraternité, Egalité.

(Looking up)

Father, even our own friends switched on us.

CATHERINE

I do not hide my allegiance to freedom fighters.

It is who I am.

But you're my husband and I am on your side.

This is why I urged you to leave here years ago.

I know the terrain. Look at these mountains.

Once the Neg Mawon take to those hills we lose them.

We have a chain of islands

so close, all with mountains and thick bush

and they have a network of leaders.

They move from one island to the next so easily.

They will never surrender their freedom.

After Boukman's revolt in Saint Domingue,

I knew the plantocracy here would collapse.

That's why I told you, let's leave....foukan!

But you were at the height of your success.

Money, power, concubine and all.

For you

My words, as my body, had dropped in value.

GARNIER

Understand why I couldn't leave just so.
I was born on this island
1745, the year
sugar had started to drop.
My father and uncles left Martinique
and sailed towards Les Pitons.
That's why he invested in cocoa.
I inherited the estate
but also his dream
to make civilization here.
Then I moved to Esperance.
I found a nice plain for the cane.

CATHERINE

You don't have to drink,
it will only dull your memory.
The old scroll of the sea
 folding and unfolding
is enough; should have been a sign
of eternal restlessness.
Liberte, Egalite, Fraternite!
How did we ever think
we would keep people chained forever, build an indus-
try with no end
on the backs of generations.
This is a disaster.

GARNIER

The hell, you can say this
now that fortunes are on the decline.
It is not the time for this kind of talk.

CATHERINE

For God's sake, it is over.
I used to regret not having children,
now I know why.
The good Lord spared them this chaos.

GARNIER

You've been enjoying the spoils,
strolling and watering poetry
playing the piano
talking rubbish with the Friends of Blacks.
All this you can do
because of this Great House,
because of our plantations
and the system you have come to abhor.

CATHERINE

Of what use is this Great House now?
You scoff at my art,
the things that take my heart.
I was never one for all this wealth,
this wealth built on misery.
As a child on this plantation

15

CATHERINE (continued)

I had little choice
but to accept the general will.
"The African was no equal,
just a talking animal
fit to labour the field."
Later I would hear different voices,
at the university in France.
As a student of the humanities,
I read Rousseau and began to question.
When I returned home,
my father arranged for me to marry
to keep wealth in the family.
You were the arrangement.
What do I inherit now?
His estates in Soufriere
being eaten by fire as we speak.
The spreading flames now licking our feet.
Over time, I grew to love you,
not all these things.
When material things fade
only love remains.

GARNIER

Stop making poetry of our predicament.
I need practical responses. The British troops have
landed at Choc and Point du Cap.
They are out for Bwigan.

CATHERINE

This is a dream. He is out setting the place on fire and
the rest are with him.

GARNIER

Not all of them. We have some loyal slaves.

CATHERINE

Loyal slaves? Hear you.

GARNIER

He is a leader; strong and commanding.

I saw it too late.

They respect him.

He led on the field.

When he worked,

the others followed.

When he downed his tools

they followed too.

I should have seen it.

CATHERINE

He impressed me during the hurricane.

So many escaped with their roofs,

But he came back for Bernelle.

Then he led his gang to fix her quarters.

GARNIER

He was always free

ever since he leapt to the hills

to join the bands.

GARNIER (continued)

He loves Bernelle, no doubt

and this is his motivation

in staying close to her.

He learnt many things. We have to get him.

CATHERINE

He is gone. He leads in all the insurrections.

GARNIER

So says the British governor. How do you know all this?

CATHERINE

I know him. He is very cunning. In staying close to Bernelle, he learnt your ways. He has mastered our languages. He can read and write English and French but speaks creole to his people. He and his band are a powerful force now.

GARNIER

Listen to me very, very, carefully. We have to get Bwigan.

CATHERINE

What do you mean get him?

GARNIER

Do you want to escape from this island unharmed?

CATHERINE

Why wouldn't I?

GARNIER

Bwigan is the one in the way. Victor Hughes, the French Governor in Guadeloupe has begun arming the Neg Mawon in these islands. Bwigan is one of their main men. Soon they will be sending him more ammunition. Who knows what he may possess: rifles, muskets, bayonets. The Neg Mawon could become even more deadly with French support. The British are anxious and Sir Gordon, their new governor made me an offer. If I can bring him Bwigan, then he can arrange our escape from the island. We can be taken to Martinique first and then to the Spanish in Trinidad.

CATHERINE

Bring him Bwigan? But how will we do that?

GARNIER

We must think of a plan for the next time he comes to visit Bernelle.

CATHERINE

But we cannot do that. We know that they will kill him.

GARNIER

So?

CATHERINE

What if he finds out? The only reason why he has not burnt down this house is because Bernelle lives here.

GARNIER

Get her!

CATHERINE

Why?

GARNIER

What do you mean why? She can bring him here that's why. Well, why the hesitation?

CATHERINE

Later. She is watering the flowers.

GARNIER

Flowers? Get her here, I say. There is no time.

CATHERINE

As you wish, master.

(She exits)

GARNIER

Watering flowers my aging arse!

War in the woods

and my woman watering her flowers.

To God be the glory,

diversity is key.

(Bernelle Enters)

BERNELLE

You call for me, master?

GARNIER

We need to bring in Bwigan, now!

He and his band are on a rampage in the woods,

killing, looting, burning.

Misled by the onslaught of crazy Republicanism.

It is better for you, Bernelle, if Bwigan was here.

BERNELLE

Why is it better for me, Master?

GARNIER

(Mockingly) "Why is it better for me, master?"

Can he help you, crawling like a snake up La
Sourciere?

The boots of the British will soon crush his head.

They have taken Martinique to the North

and Saint Vincent to the South.

Bring him to us. We will take you to Trinidad.

There you can have a plot of land,

live the life you want.

BERNELLE

Why you need him?

GARNIER

Don't pretend you don't know

what he does when he disappears

and reappears for your refreshment.

GARNIER (continued)

He is a strong seaman.
All these years
canoeing back and forth
with Marinier and Pedre
carrying other Neg Mawon
to plan with Black Caribs
and stir strife in Saint Vincent.
Meeting with Fedon in Grenada
for more destruction.
Trinidad is only a little further south
down from Grenada.
He can take us there.
Bernelle, you have his heart.
Bring us his strength.

ACT ONE
SCENE THREE

Darkness. Lights come up slowly on Bernelle lying flat on her back. We hear voices singing in the background. She rises slowly in response, as though sleepwalking. Light drums…Bernelle "floats" out into the verandah as though in a trance. She stretches out to meet Bwigan who also emerges from the darkness before her. They dance until…darkness.

BERNELLE

(drawing Bwigan aside)

The master wants to see you.

BWIGAN

Which master?

I have no master.

It must be a trap.

The British splitting us like coconuts,

heads falling everywhere

ever since we break the

chains. They all the same,

Les Francais, Les Anglais

Gens blans who treat us like zanimaux.

He and I have no business.

BERNELLE

You should hear what he want to say.

BWIGAN

When the French let out the cry:
Liberté! Egalité! Fraternité!
I heard what I wanted.
It was for their own colour,
but Negre hear the echo.
So, no more Kings and slavers!
No more slaves and masters!
We fighting only for us.

BERNELLE

He offering us freedom, Bwigan
an escape from all this chaos
to a new settlement in Trinidad,
an island ruled by the Spanish.
I know you talk of Mon Repos,
but too much killing everywhere.
See your arms, your chest.
Every time you come is a different scar.

BWIGAN

We never gave up our freedom.
We were always running away.
Those who could not escape
were always planning

BWIGAN (continued)

for that day they know would come.

To go with the master

means to remain in bondage,

serving his interest.

We go to Mon Repos.

We begin to build our own.

Wait till you see the hill

over-looking the coast,

the gentle slopes

where they plant manioc,

the waters below

busy with fish.

We will never go hungry

and we will always have peace.

BERNELLE

British Troops have landed at Cul-de Sac.

I heard the Master talking.

They will be looking to the valleys

and then over the hills.

They are out to crush our people, Bwigan.

We cannot cross that side.

They are coming with some Black soldiers

that they trained in Martinique

to battle Black against Black.

BWIGAN

They do it since they invade our land,

they slice us with strategy,

divide us like boundary,

bribe leaders with guns,

and we fight to the ground

our own brother man.

That is why I fight for us, only

for you and I, Bernie.

For the new family we will raise at Mon Repos.

BERNELLE

Your dream of family is mine, Bwigan,

but it is better we fight like Mongoose,

take food, supplies and slip away

rather than snarl through the woods like Tiger.

No way your claws will match their guns.

BWIGAN

Let us make our way, Bernelle.

Don't let them divide us. They pit Blacks against

Blacks. A man needs to live his life!

I need my woman. The master has his.

What I want is my woman and my freedom complete!

(Drums)

ACT ONE
SCENE FOUR

(Morning. Catherine is sitting on the porch, writing.
Bernelle enters.)

BERNELLE

He will not come.

CATHERINE

Great news! Your master will love this.

BERNELLE

Don't make fun, madame.

CATHERINE

It's going to be fun. He might burst like a canon.

BERNELLE

(Under her breath)
And shit in his pants?

CATHERINE

Excuse me?

BERNELLE

Nothing, Madame. He wears the pants, I always hear
him say.

CATHERINE

I am tired of his outbursts.
They are as frequent now
as ships exploding in the harbour.

CATHERINE (continued)

Sometimes I feel like running away myself,

joining the Neg Mawon in the woods.

He drinks too much

and I get dizzy when he blasts.

BERNELLE

You are fun, madame.

He drinks and you get dizzy

CATHERINE

(Enjoys the joke)

And you are a blessing, Bernelle.

I am happy that you came to stay with us.

BERNELLE

I had no choice.

I was only thirteen when you pull me from the field

that day when mama dropped in the canes

and her eyes never open again.

Bwigan was holding me,

everyone was shouting:

Liberté! Egalité! Fraternité!

You pull me away.

My father turn mongoose through the bush.

CATHERINE

You came at a good time for me.

I helped you, but you too were my rescue.

BERNELLE

I don't understand.

CATHERINE

He had gone the way of others,
his father, his neighbor,
they all had women among the slaves.
It is a hypocrisy that I cannot understand
neither can I accept.
Treat the Blacks as less than human
but yet still take their women as mistresses.

BERNELLE

I didn't know. I'm sorry.

CATHERINE

It was very painful at the time.
She worked right here as a cook,
and even when I let her go he carried on.
Built her a house across the river.
The nights when he was gone I had you.
It's okay now,
I too am to blame.
I am a part of a horrible system.
This system must fall.
I take no pleasure in it.
My soul's on the Atlantic,
conscience whipping me all night.
I toss and turn upon waves of guilt.

BERNELLE

You not the guilty one, Madam.

I never fear around you,

not like when the master is near.

Hearing your story now,

I feel that we have an even stronger bond.

You were hurting yet gave me so much love.

It is because of you I am still here.

If wasn't for you, I leave long time.

CATHERINE

I know.

Bwigan would have made you jump on his back

and taken you up the mountains ever since.

But I raised you like my daughter.

You were spared the rough life.

You took care of my library

and read the books.

You dusted the piano

and learnt to play.

I never wanted you to be a slave.

BERNELLE

What am I?

CATHERINE

My daughter.

BERNELLE

That was my wish
when you came like an angel
in pink cotton robes
sheltered by feathered fancy hats,
your hands gloved in white,
talking to us in the field.
I wanted to be just like you
then you took me in…but…

CATHERINE

He wouldn't have it.
I had to dress you like the others
to spare you his salop temper.
I know you understand, sweetie.

BERNELLE

Yes, although I felt protected
by the walls of your love, I got to understand my place.
This is why I cannot betray Bwigan.
I cannot do it, Madame.
His head is our freedom,
that is what I am hearing,
but it's my heart on the guillotine!

CATHERINE

We have this in common.
You know that I too love Bwigan.

31

CATHERINE (continued)

When Master sees him around
and confines you to the house,
you count on me to slip him in.
I do it not only for you
but for his protection too.

BERNELLE

So. What should we do?

(Drums, darkness. Figures in disguise, walking chaotically about the stage, muttering to themselves and to one another, repeating : What should we do? What should we do? At the end of this movement, individual figures are spotlighted as they stand aside to speak. Figure One is played by the actor portraying Bwigan, Figure Two by Garnier, and Figure Three by Catherine.)

FIGURE ONE

Yes, what should we do?

BERNELLE

Who are you?

FIGURE ONE

I am Republican.
We say, down with all vestiges of Monarchy.
Confiscate all wealth from Royalty.

FIGURE TWO

What should we do?

BERNELLE

Who are you?

FIGURE TWO

I am Royalists.

I say capture the Brigands,

throw them into British hands,

then run from it all.

Join L'espanol,

run to Trinidad,

find new plains near Port of Spain.

FIGURE THREE

What should we do?

BERNELLE

Who are you?

FIGURE THREE

They call me Brigand.

Se mwen ki Neg Mawon.

I say run out Vaughn,

break the British gun,

quicken rebellion,

and take back Lucia land.

(Drums. Darkness. Figures move chaotically as before, miming soldiers and repeating "Take back Lucia land. Take back Lucia land.")

ACT TWO
SCENE ONE

(Evening. The dining room of the plantation house.)

                    GARNIER

It is clear to me that Bernelle is not going to help us get
Bwigan.

                    CATHERINE

What makes you say so?

                    GARNIER

She's been zig zagging into rooms
whenever I walk through the house.
This cued me to her tricks.
I've figured them out.

                    CATHERINE

Figured what out?

                    GARNIER

She and Bwigan,
their strategies for meeting.

                    CATHERINE

Now I'm more curious.

                    GARNIER

Haven't you noticed
that every full moon
she becomes anxious.
Pans falling and clattering,

GARNIER (continued)

doors banging, sandals slapping the steps.
I was worried at first that her mind was slipping
until I saw her stealing off to the side of the house.

CATHERINE

You saw them?

GARNIER

Not every time,
But always
after the long moan of the conch shell
up from somewhere, maybe La Guerre.

CATHERINE

I see.

GARNIER

Next full moon is our chance.
Once the Conch Shell sounds,
we prepare for his capture.

CATHERINE

How?

GARNIER

You invite him for dinner.

CATHERINE

And then…

GARNIER

Then he comes to eat with us…

CATHERINE

And then…?

GARNIER

Then you leave the rest to me.

CATHERINE

This wouldn't work.

GARNIER

Why?

CATHERINE

We've never invited him for dinner. Why now?

GARNIER

You are the writer. Come up with something.

CATHERINE

It's your plot.

GARNIER

It is our story, and you shouldn't forget your character.

CATHERINE

Which is?

GARNIER

You're the wife of a planter.

CATHERINE

How can I forget that?

GARNIER

Not a friend of blacks.

CATHERINE

What do you expect me to do?

GARNIER

Stick to your role.

CATHERINE

And my conscience?

GARNIER

Same thing. Your conscience too, sticks to your role.

CATHERINE

My conscience isn't like yours.

GARNIER

No?

CATHERINE

Mine's alive and hurting.

GARNIER

It is your body that's going to be hurting if we don't get
Bwigan.

The British are turning their canons towards us.

Get some sense, Catherine,

it is either we get him, or we could be dead.

CATHERINE

You could be dead.

GARNIER

Don't be stupid.

CATHERINE

I don't know Garnier.

This is not just about Bwigan.

Do you realise what you're doing?

You're asking me to betray Bernelle.

GARNIER

No, I am asking you to save your self

To save our lives, our work.

If we don't help the British capture Bwigan

We can lose everything

But if we help them then they will give us a new start.

CATHERINE

This is impossible, Garnier. You're asking me to give up the bit of my soul that I've worked hard to retain. My relationship with Bernelle and Bwigan is my very last thread of connection to any integrity and self-respect that I have left. You think that deep down I really enjoyed all this wealth and luxury while these blacks were slaving in those fields. They are human beings, Garnier. They are all human beings and Bwigan and Bernelle are real people with dreams.

GARNIER

For God's sake Catherine, we are not bringing them with us.

Don't you see it. The plan is for him to assist in the voyage to Trinidad.

CATHERINE

And to desist his revolutionary work.

GARNIER

Exactly, to halt his destruction and everybody wins! Bernelle comes with us and we all get a chance to establish new plantations in Trinidad.

CATHERINE

This is not what he wants Garnier. He wants to be free!

GARNIER

Free where. This place is practically destroyed.

They're burning everything like their friends in Saint Domingue. Can they be free on barren soil? What do you want, Catherine?

(He goes to her and hold hers to face him)

Wake up! You have got to start thinking of us first.

They are young Catherine. They have more time. We don't.

(He begins to cough. The coughing persists. She fetches him glass of water)

CATHERINE

Here, sit down and take it easy.

GARNIER

We need to plan for our comfort. Listen darling. You
have tried. You've supported them. Don't we count?
You are my wife. I am begging you for our sake!

CATHERINE

Tomorrow is full moon.

Bernelle is going to wait till we all go to sleep.

She will creep out

and perform a ritual in the shadows.

Her magic will connect her to Bwigan. If he is coming,
he will sound the conch.

What do we do then?

GARNIER

Nothing.

Let him refreshen.

Next morning, you invite him for dinner

(Black)

ACT TWO
SCENE TWO

(Late evening. The yard. Sounds of the sea, then
drums. Bernelle appears in the colours of Yemaya: blue
and white, and dances. At some point at the height
of her expression, we hear the long moan of a conch
shell. She continues dancing then we see a silhouette of
Bwigan who joins her very briefly as they both exit.)

ACT TWO
SCENE THREE

(Next morning. Catherine is on her porch reading aloud. In the middle of her reading, Bernelle enters, watches and listens.)

CATHERINE

Where is he?

BERNELLE

Still resting.

CATHERINE

Have you invited him?

BERNELLE

You have decided.

CATHERINE

We don't have a choice.

BERNELLE

I told you that I wouldn't do it. What are they going to do to him?

CATHERINE

I don't know.

BERNELLE

I don't believe you.

CATHERINE

You know me better than that.

I was told to invite him to dinner. That's all.

BERNELLE

How can you agree?

You said that you love him…you love us.

You're our friend.

CATHERINE

It is difficult.

He is my husband. Besides, our lives are threatened.

Yours, mine.

BERNELLE

He is fighting to destroy the very system that you said
you hate.

That's why the British want him out.

You know that.

And they are using you, me, to get rid of him.

We cannot let that happen.

CATHERINE

Let us talk to the men.

You to Bwigan and I to my husband.

Perhaps if Bwigan would turn himself in

we can ask the British to spare his life.

BERNELLE

You really believe that we can trust them?

CATHERINE

They make agreements all the time,

sign treaties among themselves…

BERNELLE

And break them too.

He is your husband, I know,

but he is one of them

and they cannot be trusted!

CATHERINE

What I am going to do?

(Lightning…Sound of thunder as Catherine exits.)

ACT TWO
SCENE FOUR

(Evening. In Bernelle's Quarters. Bernelle is preparing
Bwigan's bag.)

(Enter Bwigan)

BERNELLE

You must leave now.

BWIGAN

These are my words, almost, but it is "we." We must
leave now.

BERNELLE

Your life is in danger.

BWIGAN

Our parents were sold into danger. We are born into it.

BERNELLE

They are planning a dinner tonight. You are supposed
to be a part of the feast.

BWIGAN

I see. Their plan will remain like wild manioc that I
will rip from the ground and dash to the rocks. They
can't poison our freedom. I have spared this plantation
because of you and because of Catherine. But now, it
has reached its end. If they have joined the plan to ex-
tinguish the flames of liberation burning through this
land, they are throwing themselves into its raging fire.

(Sound of thunder)

BERNELLE

We can just slip away, Bwigan. No one has to get hurt.
Let's just go and leave everything as it is.

BWIGAN

This is not what I hear from Ogun. Not one of these
walls should be left standing.

This is what I hear.

(Lightning and thunder.)

These walls hold the wicked spirits of evil masters.
They stand like ghosts of guards to stolen treasure.
Voleur ! No, sweet Bernelle. We not leaving things are
they are. This so-called Great House represents the
entire raison d'etre for their cruelty. Our backs burned
in the sun so they could live like this…multiple rooms,
graced with the finest furniture from Europe. And
portraits of the Kings and Queens whose cold, sharp,
eyes cut like the knives of their smiles. I say we burn all
of it. We singe it all down while we leave.

(Drums…lights fade to black slowly on Bwigan and
Bernelle and come up slowly on Catherine alone on
the porch.)

CATHERINE

I am the planter's wife,
I cannot forget my role.
My loyalty is to my husband.

CATHERINE (continued)

I should repeat this like a mantra

 If I am to remember.

My loyalty's to my husband….

My loyalty's to my….

My loyalty's to my….

To my…to my spirit!

My own soul.

I am an artist,

I cannot be true to my voice

if I do not express the suffering of those I see

on the plantation.

It is a life bent over.

Mothers made to mate like cattle in a barn,

babies burning on their backs.

Men working the ground of their graves.

This should bother the best in me,

and it does.

It boils my blood.

A people must be free

and my loyalty is to see

the end of slavery.

(Enter Garnier)

GARNIER

You violated the plan.

CATHERINE

Don't disturb!

GARNIER

What the…?

CATHERINE

I'm trying to stay in touch with my soul.

GARNIER

You were supposed to get him to dinner.
This is not the time to go crazy.

CATHERINE

Ever thought about your soul, Master?

GARNIER

Catherine, this is not the time.

CATHERINE

But it is…

GARNIER

The British are closing in.
We had a bargain with them.

CATHERINE

A bargain with the devil?

GARNIER

We have to get out.
(sound of drums)
Come!

GARNIER (continued)

(He tries to grab her)

We have not delivered, Catherine.

None of our plans worked.

Can you not hear the cannon bursting?

It is an all-out war now for the island

and we must flee!

CATHERINE

I am not going with you.

GARNIER

You have no say.

Grab a few things.

I have saddled the horse.

We get refuge at Morne Fortune.

CATHERINE

I cannot go. It is time for me too to be free.

I too have been chained to this life,

to you,

to my father who arranged for me to be with you.

Chained to a brutal system that treats people worse

than animals.

I cannot continue in this…this wreckage…this war.

This crumbling of the plantation is a sign for me to

quit.

You can go. Go enjoy your privilege with the British.

Let them whisk you safely to Martinique.

CATHERINE (continued)

I join the Republicans and the Neg Mawon.

It's an all-out war!

GARNIER

My God, now you are completely crazy!

I have no privileges if I don't deliver Bwigan!

CATHERINE

So be it.

GARNIER

No! You are coming with me!

(He grabs her by the arm.)

(Drums. Black!)

ACT TWO
SCENE FIVE

(Bwigan and Bernelle are lying down flat on their backs, across the stage in front of the Great House, legs stretched in opposite directions, back of their heads together. Drums for Yemaya…they dance.)

BWIGAN

It is time.

BERNELLE

We doing it?

BWIGAN

We doing it.

BERNELLE

I have to get Catherine!

BWIGAN

Why?

(A scream from Catherine. Upstage right…through a scrim, we see the Garnier and Catherine fighting. Catherine hits him with an object on the head. He falls. Drumming intensifies in the semi darkness as Bwigan lights a flambeau. Followed by Bernelle, he dances to an end of the stage and lights another flambeau there and then another.)

BERNELLE

Catheeerrriiine!

51

(Bernelle runs backstage)

BWIGAN

(Bwigan dances)

Oooooooguuunnn!

Yeeeeemayaa!

Ooooshuuun!

Ouveeee… .bayè-aaaa!

(Drums…he dances)

Tout moun!

Bizwen libète!

Mété difé!

Pou tout kwiyoté!

(Bernelle tiptoes unto the stage with Catherine. They join Bwigan in the chant as they continue to light the place on fire.)

BWIGAN, BERNELLE,
AND CATHERINE

Ban nou lè, nou ka kwazé kolonm

Ban nou lè, Ban nou lè

Ban nou lè, nou ka kwazé kolonm

Ban nou lè, Ban nou lè

Ban nou lè, nou ka kwazé kolonm

Ki le i ye Hi gas !

Ki le i ye Hi gas !

Ki le i ye Hi gas

CATHERINE

Quick, you go. He has a horse saddled behind the house.

My loyalty's to my….

BWIGAN

Bullshit! We not leaving you behind. Let us go.

CATHERINE

Where?

BWIGAN AND
BERNELLE

(Holding hands and looking out as Catherine joins them)

To Mon Repos!

(Black…drums…all re-emerge to perform the theme song, "Mennen Mwen Mon Repos.")

THE END

MENNEN MWEN MON REPOS

AN PYÈS AN DÉ AKT
TWAVAY TRAVIS WEEKES
TWADIKSYON ALLAN WEEKES

Pyès sala sé pou tout lé Batayè pou libèté Sent Lisyen pèd an listwa san non.

PWÉSANTANSYON

Mennen Mwen Mon Repos té pwézanté pou pwèmyé
fwa-a an sal Wellington Branch Library, Florida Lézéta
Youni Jédi 31 Jwiyé, 2023.

Mennen Mwen Repos jwé pou pwèmyé fwa an Sal
Wellington Library anba kondwit lotè-a Dimanch 1
Jwiyé, 2023.

JWÉ SÉ WOL-LA

Bwigan: Richard Ambroise
Bernelle: Trician Augustine-Dangerville
Catherine: Sandra James
Garnier: Curtis Stephen

DANSÈ ÉPI CHANTÈ

Barbara Dormand

Anastasia Fevrier

Petra Stephen

Hemish Phillip

Sandra James

Tricia Agustine Dangervil

Curtis Stephen

Richard Ambroise (Kowégwafyè)

PLAS PYÈS LA

Aksyon pyès sala ka pwan kou ant lézanné 1794-1796
lè gouvèdman Fwanse vin aboli lèslavaj an tout tè anba
kondwit-li. Sa sé an tan-an lè sé bwigan-an lonmen nèg
mawon osi lévé an ladjè féwos Kont sé plantè-a.
Wayalis Fwansé menm fos Kont sé anglé ki té antwé
an lil la pou viwé établi lèslavaj. Tout aksyon pyès la ka
pwan kou souyé an mézon-an oben an lakou oliwon'y
lan.

JAN PYÈS-LA

Bwigan: An èslav Mawon ant vennsenk èk twant
            lanné
Bernelle: An èslav mézon an laj pasé vent an
Garnier: An mèt èslav an laj an koté anho swasantan
Catherine: Man Garnier, matjès poyézi, swasantan
An bann dansè, chantè épi chantèz.

PWOLOG

Nwèsè. Ou sa tann vwa an Chantwèl ka chanté pa kò'y pou an mouman avan lé wépondè ka antwé an chanté-a founi sipò silon twadisyon-an. Son tanbou ka koumansé ka vini pli an pli fò, pli an pli vit épi dansè ka antwé anlè platfom-lan. Dansé-a ka vini pli an pli ajité jistan I kon an kwiz épi sé dansè-a ka kité plat-fom-lan.

Chorus

M'a bon isya maka manjé

Mennen mwen Mon Repos

M'a bon isya maka domi

Mennen mwen Mon Repos

M'a bon isya maka kouché

Mennen mwen Mon Repos

M'a bon isya maka dansé

Mennen mwen Mon Repos

M'a bon isya mwen las bwilé

Mennen mwen Mon Repos

M'a bon isya mwen las hélé

Mennen mwen Mon Repos

1)

Jwenn mwen akoté manman-mwen

Volè mwen sé ou ki aché twen

Halé mwen lanmen mwen ka soufè

61

(Chorus)

2)

Tout twavay ou fè mwen fè ba ou

Lèsklavay sèl sa ou wè ban nou

Si'w sé bèt, sé nou ki zannimo

Nou ka fè chimen èk san nou cho

(Chorus)

PWÈMYÉ AKT
PWÈMYÉ SENN

(Ou sa wè Bernelle ka maché sounwazman asou pélouz-la douvan gwan mézon-an, an nwèsè. Tanzantan, entjèt I ka gadé dèyè'y vitman èk ka tounen tèt-li. Bwigan ka èspéwé'y pli fon an nwèsè-a adan an kwen dèwò kay-la. Bwigan ka fè'y an sin, Bernelle kay jwenn li vitman èk yo ka anbwasé.)

BWIGAN

Sé pou nou pati apwézan menm. Nou ni an misyon Bernelle. (I ka tiwé an mòso fèyèt papyé an poch li épi ka dépliyé'y.) Mwen tèlman kontan jou a ou moutwé mwen li-a. Gadé.

Lafwans èk nou pa èslav ankò.

BERNELLE

Sssh! Twop dibwi Bwigan. Ko'w soti Bwigan? Mwen tann mèt-la té ka wakonté mannyè an bann èslav mawon Maquis.

Gadé lanmen'w, koté yo twapé blésé konsa?

BWIGAN

Lè mwen té ka gwimpé anlè se woch la pa dèyè Ladofin pou wivé isi-a.

Yo fini abizé nou. Nou paka pwan'y ankò
 ka kasé zo do nou anba chalè solèy.

Tout èspwé Bernelle pou nou sa fini.

BERNELLE

Alo sa ki fèt, ki boulvèsman zo fè? É ou menm, sa'w fè?

BWIGAN

Nou mété plas-la waz épi difé.

Pwi difé tout patou nou pasé.

Lè nou fin bwilé Maquis nou gwimpé sé woch la

jistan nou wivé Esperance ko nou wendé sé zom-lan

déchennen kò yo.

Apwézan menm yo an chimen Praslin pou wendé

lézot-la.

 Mwen di yo alé douvan pas mwen té ni pou vin isi-a

vin jwenn ou.

BERNELLE

Ès ou tann nouvèl papa mwen?

(I ka fè sin non épi tèt li)

Magwé imaj fos la ki té bandé an bway-la antwiché an

lèspwi mwen zyé mwen pa janmè tonbé anlèy ankò

dépi manman mwen mò. Si an nonm épi fòs papa

mwen pa janmen witounen, sé pitèt sé blan-an tjébé'y

épi tjwé'y. Kilès ki pé di si yo pakay fè nou menm

bagay-la? Alé koté? Ma sa pati tout tan ma sav koté

nga alé. Gadé mannyè tout plas la an konfizyon. Tout

mèt anwajé dépi sézom lan bwilé légliz-la. Pou yo, sé

an malédizyon. Ankò pli mal sézom lan fè pwèt blan-

an dansé asou son tanbou. Sé blan-an pawé. Zyé gwan

ouvè. Nou an danjé toupatou.

BWIGAN

Ou vlé wèsté isi-a? Ka sèvi nonm blan sala épi fanm li?
Ka pasé lèwèstan lavi'w ka di "wi mèt" "non mèt" "wi madanm", "non madanm?"

BERNELLE

Mwen an lapé isi-a.

BWIGAN

An lapé kon an èslav? Yo ka posédé'w.

Ou pani an lavi ki sa ou menm

Bernelle, kouté mwen, mwen pasa kité'w isi-a

Ou ka chonjé lè yo té tiwé'w pami gang twavay-la?

Mannyè ou sézi lanmen mwen ka fè an pwòmès

An limyé lalin plenn-lan ki nou té kay débat pou libèté nou?

BERNELLE

Wi, mé kouté Bwigan, tann son nwit la,

Tann son kannou ka pété montany, ka fè tout kò mwen fwisonnen.

Yè mèt la déklawé I té moutwé pli nèg fè solda pou goumen asou koté lafwans,

pas I tann nouvèl sé anglé-a kay voyé pli solda. Bwigan san kay tonbé asou té-a kon lapli. Ma vlé san mwen adan'y.

Mwen fwèt. Ou pa santi an ti fifin lapli, en?

BWIGAN

Wèsté pwé.

BWIGAN (continued)

Sé pa nou ki mété lennimité, ki fè mézon sala plen'w
épi lakwent
tout dèwò'y sé libèté, nou ni pou jwenn Flore Gaya,
montany-lan I sézi-a, ni an pik kon Piti Piton,
si nou swiv twas-la tou pwé layvye-a, swiv son lavman
dlo-a asou woch la,
nou sa wivé Des Rameaux, kouwi wivé La Guerre
twavèsé wivé Babonneau. Nou sa maché ay jwenn
Flore.

BERNELLE

Difé ka bwilé toupatou Bwigan.
Ou paka pwan lode'y? Se pyébwa-a? Menm zèb-la?
Ou paka tann dan difé-a
ka waché bwanch bwa ouvè?
Koté nou kay pwan?

BWIGAN

I ni an montan'y
olwen ko nou kay twouvé lapé.
Nou kay bati kaz nou la.
lè lafimen dispawèt an lézè.
Mé pwèmyé, pasé jwenn Flo sou montany lan.

BERNELLE

Fè mwen konpwann poutji nou ni pou jwenn Flore?

BWIGAN

La nou kay byen pwotéjé

66

BWIGAN (continued)

Piton Flore sé koté nou kay wè tout lé vilag, tout plas.

La, alèz nou kay sa wè Cul-de-Sac

Menm otan lwen kon Choc alèz

Valè-a ouvè la douvan zyé nou

Pyès atak pasa sipwi nou

Alo, konsa chimen-an klè

Sé la nou ka pati.

BERNELLE

Koté sa yé? Ki non plas la?

Mwen bizwen an kouvèti anlè tèt mwen Bwigan

Mwen pasa domi an wazyé kon-w

Oben anlè pyébwa kon mannikou

Gadé mannyè ou cho

Mwen ka santi fos lavi ka boujé andidan mwen

I ja lè pou mwen poté ich mwen

Nou pasa bati nich nou épi bwanch zèb.

Pou konmen tan mwen ni pou èspéwé ankò?

Plas sa la, ki ni son si lwen Bwigan

Kouman ou ka kwiyé'y?

BWIGAN

Mon Repos.

BERNELLE

Mon Repos

Mennen mwen Mon Repos, Bwigan.

Mennen mwen Mon Repos

Chayé mwen la

BERNELLE (continued)

Mwen las

Chayé mwen koté mwen sa asid

Pozé ti kò mwen asou yon ban, mwen épi'w

Lonjé , èstalé anba pyé zanmann-lan

Ka pwan van

Ko sé toutwèl la tout oliwon

Pa pè fè bon lanmou

Menm an lakou

Chayé mwen la doudou-a

Ko nou sa kouché an lapé

Chayé mwen la

San twakasman

Chayé mwen doudou-a

Chayé mwen

Mennen mwen Mon Repos

(Tanbou solo, chanté, Chantwèl ka pwan douvan ka

chanté, dansé ka koumansé)

Mennen mwen Mon Repos

chayé mwen souplé

Mété mwen Mon Repos

Mennen mwen Bondyé

Mété mwen Mon Repos

Wendé mwen sésé

Mété mwen Mon Repos

Gadé mwen pwédyé

Mété mwen Mon Repos.

PWÈMYÉ AKT
DÉZYENM SENN

(Andidan mézon Mèt-la. Mèt-la doubout mé I pa alèz.

Madanm li asid.)

GARNIER

Dépi Wévolousyon Fwansé-a

Épi maji nwè Boukman an Sen Domengue

Nou pa sa viv an lapé

Nou ka pèd tout byen nou

Kawé pa kawé

Avèk chak envwa a la Fwans nou an pèdant

Pasa wékouvwi kout pwodi-a

Bon Dieu kitan nou kay sa wipwan lavi nou?

Mwen pasa wè dézi sala an lafimen-an

I sanm mwen ki débat pou wipiblik-la sé bwilé tout

bitasyon

Pwi tout légliz difé

Entansyon an yo sé détwi pa sèlman la monnachi

Mé dyé limenm

CATHERINE

Nou té pou ja pati

Dépi twazan pasé, foutélikan

Dépi Sen Domengue enfondwé

Mwen plédé épi'w pow'w aksèpté òfè-a

A La Trinidad koté lèzèspanyol ka òfè tè si bon maché

69

CATHERINE (continued)

Mwen té ja wè sin, konpwann ki lavi

Paté kay janmen ankò kon'y té yé

Nou tann sé bougonman-an

Dépi apwé laso asou Bastille-la

GARNIER

Tout a kou tout moun sété "sans culotte"

Lé piti blan konm ou

Dékouvè labannyè Libèté, Égalité, Fratenité (ka lévé

zyé'y ka gadé syèl)

Mon pè, menm anmi nou tounen tèt, ban nou do yo.

CATHERINE

Mwen pas sa kaché sipò mwen

Pou sa ki ka débat pou la libèté

Sé moun sala mwen vwéman yé

Mé ou sé mawi mwen épi mwen doubout épi-w

Sé pou wézon sala I ni konmen lanné

Mwen konnèt isi-a

Gadé sé montany lan

Dépi sé nèg mawon-an wivé sé montany sala

Nou pèd yo, komplètman

Tout isi sé yon sèl chenn

Si pwé yonnalot, montany

Épi bwousay tèlman épé

Épi an bann chèf byen naté ansanm

Ki konnèt glisé si fasilman

CATHERINE

Ant lil pou lil

Yo pakay janmen sédé libèté yo

Dépi jou-a Boukman wévolté Sen Dominique

Mwen sav laplantokwasi té kay enfondwé

Sé pou sa mwen di'w annou pati, foutélikan

Ou té benyen lajan, pouvwa, fanm, tout bagay.

Ou té pèd tout konfyans an madam-ou

Sé konmsidwé an zyé'w mwen té pèd tout bèlté, tout valè.

GARNIER

Souplé, konpwann poutji mwen paté lévé san hézité

Sé isi mwen né

(1745) mil sèt san kawant-senk

Pwi sik té ja pwan an déklinan

Papa mwen épi tout tonton mwen

Pati kité Martinique

Épi vwayajé an diwèksyon lé Piton

Épi anvèsti an kako

Mwen vin éwityé'y pa sèlman bitasyon'y mé wèv li

Bati an sivilazasyon isi

Mwen menm wi-établi Èspéwans

Ko mwen jwenn an bèl savann pou kiltivé kann

CATHERINE

I Pa nésésè bwè tèlman

I pakay fè dot ki afébi mémwè'w

CATHERINE (continued)

Vyé woulo-a lanmè-a yé-a ki ka woulé épi déwoulé

An sin di chanjman san fen

Libèté, égalité, fwatenité!

Ma kapab konpann kouman nou té pé janmen pansé

Tjenn léjan anchenn adan an tan san fen

Sa sé an dézas

GARNIER

Sakwé blé! Kouman ou sa di sa

Apwé ou jouyi pwofi-a

Ka ponmnen épi la poézi

Fè mizik anlè klavyé épi bavadé épi zanmi'w

Apwézan ki so nou an déklinan

Ou kwè sé lè pou di dé tèl pawol?

CATHERINE

Fouté mwen lapé, fini.

Mwen té ka wégwété ma janmen fè ich

Apwézan mwen sav poutji

Dyé èvité yo tout konfizyon sala

GARNIER

Ou té la ka jouyi pwofi-a

Ka fè dé long pwonmnad

Ka wousé lapoézi èk

Jwé mizik anlè klavyé-a

Ka balivéné épi jan nèg ou

Tout sa ou té pé fè akoz di gwan mézon-an

GARNIER (continued)

Épi plantasyon-an épi an sistenm

Ki apwézan ou vin apwann dégouté

CATHERINE

Ko valè gwan mézon-an apwézan

Ou ka mépwizé

Pasyon mwen

Pou lé-boza

Pou tout sa ki kapab plen tjè, anwichi lèspwi mwen

plen'y plézi

Ma janmen té konnèt pami sé jan an ki enmen wichès

latè

Wichès ki bati asou mizè

Papa mwen fè wanjman pow mwen tjenn la wichès an

fanmi-an

Ki sa ki éwitans mwen apwézan?

Tout pwopwiyétè Soufwiyè-a

Ki difé ka wavajé menm an mouman konvèzasyon sala

Ki an flanm épi flanm ki pawé jis wivé dé pyè nou

An fil di tan mwen vin konnèt enmen'w

Mé pa tout ki oliwon nou

Lè tout bagay-la pèd klèté yo

Sé sa ki wété ka kléwé

GARNIER

Asé fè poyézi asou mové so nou

Mwen bizwen sav asou ki sa, sa bazé

GARNIER (continued)

Amé sé Anglé-a ja mété pyé atè
Choc épi Point Du Cap, yo vlé Bwigan

CATHERINE

Yo pé wévé! I la ka bwilé toupatou, épi lézòt la épi'y

GARNIER

Pa tout, nou ni èslav nou ki doubout épi nou

CATHERINE

Ou ka tann pawol la ou ka di-a? Èslav kay doubout épi
nou?

GARNIER

I sé yon chèf, I fò
Kapab koumandé pa sèl pwézans-li
Mwen apwèsivwè sa twò ta
Yo tout ka wèspèkté'y
Si'y maché soti kité twavay la dèyè
Yo tout ka swiv li
Mwen té dwé konpwann sa, sa vlé di

CATHERINE

Lè nou té ni mové tan-an
Kondwit li anpwèsyonnen mwen
Tout lézot chapé épi fétay-kay yo
Mé I viwé chaché Bernelle
Épi li épi gang li wanjé kay li.

74

GARNIER

I enmen Bernelle san dout
Épi sé sa ki motivasyon'y
Wété pwé'y, I ja apwann bokou
Sé pou nou mennen'y isi-a

CATHERINE

I ja pati
Sé li ki an tèt tout sé wévolt la

GARNIER

Wi, silon gouvènè anglé-a
Mé kouman ou konnèt tout sa?

CATHERINE

I sé an malen
Wèsté-a I tè ka wèsté pwé Bernell-la ba li an chans pou apwann tout mannyè'w
I ja métwisé tout lang nou ka palé
I sa palé épi li èk ékwi anglé épi fwansé mé ka adwésé tout koponn'y
An kwéyòl, li épi tout bann-li
Sé an fòs asé fomidab apwézan

GARNIER

Kouté mwen byen
I djabman enpòtan pou nou twouvé Bwigan apwézan

CATHERINE

Sa sa vlé di, twouve'y?

75

GARNIER

Ou pa vlé kité lil sala sennésov?

CATHERINE

Mé sètenman

GARNIER

Eben sé Bwigan ki anpèchman-an.

Victor gouvènè Martinique-la ja koumansé ka amé sé

nèg mawon-an,

an sé lil sala sé yonn ki an tèt kopanni sala.

Talè yo kay koumansé ka founi'y minisyon.

Ki mannyè nou menm pé sav sa I ja ni an pozèsyon'y.

Sé nèg mawon-an pé witounen épi soukou lé fwansé.

Sé anglé-a entjèt épi Senyè Gordon yo-a ja pwézanté an

nouvèl pwopozisyon,

si mwen sa délivwé Bwigan an lanm'y,

kon wékonpans I sa awanjé pou nou chapé kité lil la.

Yo sa mennen nou Martinique an pwenmyé tan épi

apwé dépozé nou a la Trinidad.

CATHERINE

Délivwé Bwigan? Koumannyè nou kay sa akonpli sa?

GARNIER

Nou ni pou konstwi an plan pou lòt fwa-a I vin visité

Bernelle.

CATHERINE

Mé nou pasa fè sa, yo kay tjwé'y

GARNIER

É alo?

CATHERINE

É si I vin konnèt antansyon nou? Sèl wézon I pòkò bwilé mézon sala sé paskè Bernelle wézidan isi-a.

GARNIER

Ay twouvé Bernelle.

CATHERINE

Pou kèl wézon?

GARNIER

Ki mannyè, pou kèl wézon? Pas I sa mennen'y ban nou sa sé wézon-an. É alo, poutji hézitasyon-an?

CATHERINE

Pli ta. I ka wouzé flè.

GARNIER

Flè? Mennen'y isi-a mwen di'w. Nou pa ni djè tan.

CATHERINE

Kon ou di (I ka pati)

GARNIER

Ka wouzé flè plen tjou mwen tè! Ladjè! Ladjè! Toutpatou an lafowé èk fanm mwen vlé wouzé flè.
Lonné Dyé
Oblijé divèrsité sé an klé

77

(Bernelle ka antwé)

BERNELLE

Ou mandé pou mwen misyé?

GARNIER

Fo nou mennen Bwigan isi-a apwézan!

Li épi gang li pwi adan an kwiz détwi tout lafowé, ka

volè, tjwé, bwilé.

Aliyé épi lèwè lé wipibliken.

Sété kay vo'w myè si Bwigan té isi.

BERNELLE

Ki mannyè I té kay vo mwen myè misyé?

GARNIER

(Ka motjé'y) ki mannyè I té kay vo mwen myè misyé?

Ès I sa wende'w ka twennen ko'y atè kon sèpan tout La

Souciere?

Talè tèt li kay kwazé anba bot sé anglé-a. Yo ja genyen

la viktwa a la Martinique.

Onò, épi a St. Vincent osoud. Mennen'y isi-a ban nou,

nou kay mennen'w la.

Trinidad koté ou sa posédé an téwen tè ki sa ou menm,

viv lavi-a ou déziwé-a.

BERNELLE

Mé poutji ou bizwen'y?

GARNIER

Pa fè sanblan ou pa sav kisa I ka fè chak fwa I pawèt
épi wipawèt pou
Wafwéchisman'y. Navidjé lanmè an kannot, I fò an sa.
Tout sé lanné-a ka alé vini épi Mariniev épi Pedre ka
navidjé, ka chayé dot Nèg Mawon
Ka konploté épi sé kawib nwè-a lévé déba. St. Vincent
ka jwenn pou mété tèt épi Fedora, La Grenade
Pou chèché détwi pli an pli, La Trinidad pa twò lwen
osoud La Grenade
I kay sa mennen nou la, ou ni tjè'y Bernelle, apoté nou
fòs li.

PWÈMYÉ AKT
TWAZYEM SENN

Nwèsè. Limyé ka lévé dousman asé pou wè Bernelle
kouché fas anlè. Nou ka tann chanté-an ka soti pa koté
awyé plan-an. Bernelle ka lévé dousman an mouvman
silon kadans mizik-la. I ka bwènen konm an fondjé
an sonmèy. Batman tanbou tou léjè. Mouvman Ber-
nelle pou wivé Balcon-an sé konm si I ka floté. I ka
lonjé bwa'y pou wivé Bwigan ki li menm ka pawèt sot
an nwèsè-a pou konplété mouvman-an. Yo ka dansé
jistan…nwèsè wifèt.

BERNELLE
(ka kondwi Bwigan wivé asou koté)
Mèt-la vlé wè'w.

BWIGAN
Kilès mèt? Mwen pa ni mèt. Sa oblijé sé an zatwap.
Sé anglé-a ka fann nou kon koko
Toupatou tèt nou ka fwapé woulé
Dépi nou bwisé chenn-lan
Yo tout sé menm, anglé, fwansé
Jan blan ka twété nou kon zannimo
Pa ni anyen vo palé ant li épi mwen

BERNELLE
Pitèt té kay mèyè si ou kouté sa I ni pou di

BWIGAN

Lè sé fwansé-a lansé kwi-a "libèté, égalité, fratenité"

Mwen tann tout sa mwen té bizwen tann

Sété pou jan koté yo menm

Mé lè nèg tann ècho-a, alo tout sa fini, wayoté épi èslavaj

Pa ni wa ankò, pa ni èslav ankò.

Ladjè nou apwézan sé pou kò nou.

BERNELLE

I ka ofè nou libèté Bwigan.

An mannèv pou èvité tout kaos sala

An mannèv pou établi kò nou andan nouvo hanmo an la Trinidad

An lil anban wèg lé zèspanyòl

Mwen sav tout pawol ou sa di sé Mon Repos

Me twòp tjwé toupatou, gadé bwa'w, lèstomak ou

Chak fwa ou pawèt sé épi an lot mak blésé

BWIGAN

Nou pa janmen dakò pou sédé libèté nou

Listwa nou sé an listwa mawonnaj

Sa ki pa té sa mawonné té ka konploté

Pas yo sav jou yo té kay wivé, alo pati alé épi mèt-la sé chwazi wété anchenn

Ka sèvi nétéwé'y

Eben nou kay pati Mon Repos bati san nou

La ou kay wè fason mon-lan kay bay asou kòt-la

BWIGAN (continued)

Téwen-an pou désann wivé fon-an si dous

Ko yo ka planté manyòk

Épi lanmè-a pa anba, konblé épi pwason

La nou pasa janmen konnèt lafen

Ka viv la toujou an lapé

BERNELLE

Sé amé anglé-a ja mété pyé Cul-de-Sac

Silon sa mwen tann mèt-la ka wakonté

Yo kay mété lidé yo asou sé valé-a

É apwé sa anlè tout mòn

Yo pawé kò yo pou détwi nou tout, an pèp konplèt,

Bwigan

Nou pasa twavèsé pa koté sala

Yo ka vini épi dé solda nèg yo entwennen en goumen

ladjè Martinique

Pou anjandwé batay Nèg kont Nèg.

BWIGAN

Sé sa yo ka toujou fè dépi yo antwé an péyi nou

Ka twanché nou épi bon pawol, kwiyonnen chèf

Fè yo apa, péyé yo an twahizon yo épi zam

Moutwé nou détwi san nou menm san pou san

Sé pou nou wè tout sa kon batay nou menm

Ou épi mwen Bennie, épi fanmi-an nou kay établi

Mon Repos-a

BERNELLE

Wèv fanmi-an ou ni-an Bwigan

Sé san mwen osi, mé sé myé nou batayé mod mongous

Ammasé nouwiti nou épi glisé pati

Pito nou wajé kon tig an lafowé

Lè gwif nou pasa égal zam yo.

BWIGAN

Annou filé chimen nou Bernelle

Pa kité yo divizé nou

Léta yo sé météa nèg yonn kont lòt

Se pou an nonm viv lavi'y!

Mwen bizwen fanm mwen, mèt-la ja ni sa li

Sé sa mwen bizwen épi an libèté konplèt

(Son tanbou)

PWÈMYÉ AKT
KATWIYÈM SENN

(Catherine asiz asou balkon'y, ka ékwi.)

BERNELLE

I pakay vini

CATHERINE

Bon nouvèl sa! Mèt-la kay kontan tann sa.

BERNELLE

Pa tounen sa an widitjil Madanm

CATHEIRNE

Sa kay asé dwòl. Pitèt I kay èksplozé kon an kanon.

BERNELLE

(ka manmoté.) Épi sali pantalon'y.

CATHERINE

Padon?

BERNELLE

Mwen ja tann li di an fanmi sala sé li ki poté pan-
talon-an. Mwen toujou tann li di sa.

CATHERINE

Mwen las sé kwiz waj li-a. Yo ka fèt twò souvan menm
kon navi ka èxplosé an lawad la.

Défwa mwen menm ka santi mawonné kon sé nèg-la
an lafowé-a.

I ka bwasonnen twòp.

Épi sé éklay-la ka toudi mwen.

84

BERNELLE

Ou dwòl Madanm, I ka bwè èk sé ou ka toudi.

CATHERINE

(Ka pwan gou blag la)
Ou sé an bennédiksyon Bernelle. Mwen kontan ou vini
ka wété épi nou

BERNELLE

Ki dòt mwen té pé fé? Maté ni plis ki twèz-an lè ou
tiwé mwen an chenn
Jou-a manman tonbé an kann lan épi zye'y pa janmen
ouvè ankò
Bwigan té ka sipoté mwen.
Tout oliwon moun té ka hélé
Libèté, Égalite, Fratenité
Ou wédi mwen soti, épi papa mwen menm glisé
kon mongous an zèb-la.

CATHERINE

Ou vini alè
Mwen endé'w mé ou endé mwen osi

BERNELLE

Ma kopwann?

CATHERINE

I té vini menm kon sé lézòt la
Papa'y, vwazinaj-li,
Yo tout té ka pwan sé nègwès-la pou djabal.

CATHERINE (continued)

Ipokwisi sa-a ma té sa kopwann

Ma té sa aksèpté'y nonpli

Yo té ka twété sé nèg-la kon zannimo

Mé a menm ditan-an, yo té ka pwan tan yo.

BERNELLE

Mwen dézolé

Mwen pa té sav.

CATHERINE

I pa té ézé. Tan sala mwen soufè anpil

Fanm-lan té ka twavay isi-a ka tjwit manjé ban nou

Lè mwen vini sav sa té ka alè-a

Sa pa sanm distwé'y

I bati yon kay pou fanm-lan anho lawivyè-a

Mé lé swè lè I pati

Ou té la épi mwen

Mé masa mété tout blanm lan anlèy

Menm kon yo mwen té an menm sistenm

Denmou èslavaj-la.

Sistenm sala oblijé éfondwé

Pou mwen pa ni anyen an li, pou poté pyès kalté la-
kontantman

Konsyanns mwen pawèy Osean Atlantik la

Ka woulé épi an santiman koupabté san wipo

Ka bat mwen tout lannwit

BERNELLE

Sé pa ou ki koupab Madanm

Pwé'w, mwen paka santi pyès la pè

Pa kon lè mwen pwé mèt-la

Sé pou lapéti'w mwen isi toujou

Si paté pou wou, lontan mwen ja pati

CATHERINE

Mwen sav

Bwigan té kay lontan ja fè'w batjé anlé do'y épi

Kouwi épi'w pami sé montany-lan

Mwen lévé'w kon an fi

Mwen èvité'w an lavi twò di

Ou tjenn annòd kolèksyon liv mwen

Épousté klavyé mwen

Apwann jwé mizik anlè'y

Ma jamen té vlé'w viv kon an èslavaj

BERNELLE

Sa mwen yé?

CATHERINE

Fi mwen

BERNELLE

Wi, sa sété dèsi mwen lè ou pawèt kon an anj

Adan an wob koton woz

Gwan plim oliwon'w kon an pwotéjman

Lanmen'w an gan blan, ka palé pami nou

Pami kann lan

BERNELLE (continued)

Mwen té voudwé kon ou

Épi ou antwé mwen an mézon-an

CATHERINE

Mé I té kont sa

Mwen té ni pou kontinwé fè'w pòté menm vètman

Kon lézòt-la

Pou kalmé zimé salopwi'y-a

Mwen sav ou konpwann chéwi

BERNELLE

Wi, magwé mwen ka santi lanmou'w, pou mwen

Kon an masonn pwotéjman oliwon mwen

Mwen vin apwann vwéman konnèt plas mwen

Sé pou sa masa janmen aji kon a twèt épi Bwigan

Mwen pasa fè sa, Madanm

Tèt li, sé la libèté nou yé

Mé sé tèt mwen ki an danjé gilotin-lan!

CATHERINE

Nou toulédé nou ni santiman sala

Mwen osi, mwen enmen Bwigan

Lè Mèt-la wè'y an alantou-a

Épi ka odonné ou wété an didan mézon-an

Ou ka konté asou mwen pou fè'y glisé antwé

Sé pa pou lapéti'w sèlman mwen kay fè'y

Mé pou pwotéjé'y osi

BERNELLE

Alò, sa nou pé fè?

(Tanbou. Nwèsè. Apawisyon dégizé, ka maché an pagal toupatou anlè platfom-lan ka mandé yonnalot, "sa nou pé fè", "sa nou pé fè" ka wépété. Apwe sé mouvman sala, sé apawisyon-an ka twouvé kò yo apa anba limyé ka kléwé fò, yonn pa yonn apwé yo sépawé pou palé.)

PWÈMYÉ APAWISYON

Sa nou pé fè?

BERNELLE

Ki moun ou yé?

PWÈMYÉ APAWISYON

Mwen sé wépibliken

Anba denyé filan la monachi

Sézi tout byen lawayoté

DÉZYENM APAWISYON

Sa nou pé fè?

BERNELLE

Ki moun ou ye?

DÉZYENM APAWISYON

Mwen sé Léwayalis

Pawòl mwen sé sézi lé Bwigan

Ladjé yo an lanmen lèsanglé

Épi pati kouwi kité tout sa

Jwenn épi lézèspanyol

Pati alé la Trinidad désiné dòt plan an Po Dèspany

TWAZYENM APAWISYON

Sa nou pé fè?

BERNELLE

Ki moun ou yé?

TWAZYENM APAWISYON

Yo ka nonmé mwen Bwigan

Sé mwen ki nèg mawon

Pawòl mwen sé fè kouwi von

Bwizen tout amé anglé

Bay wévolt la pli fòs, pli vitès

Épi pwan pa koté Sent lisi

(Tanbou. Nwèsè. Apawisyon ka déplasé kò yo anpagal

kon avan. Ka mimé solda

Épi ka wépété: "wipwan tè Sent lisi, wipwan tè Sent

lisi")

DÉZYENM AKT
PWÈMYÉ SENN

Solèy kouchan. An didan gwan mézon bitasyon-an.

GARNIER

Mwen ka wè klèman ki Bernell pa ni pyès entansyon
wendé nou twouvé Bwigan.

CATHERINE

Pouki ou ka di sa?

GARNIER

Népot lè mwen pawèt an mézon-an I ka zigzagé,
malalèz. Sa filé lèspwi mwen. Mwen apwann wiz-li.

CATHERINE

Kilès wiz?

GARNIER

Li épi Bwigan. Wanjman yo pou wandévou yo.

CATHERINE

Apwézan ou ka fè mwen tjiwyèz.

GARNIER

Ou pòkò obsèvé ki chak lalin plenn I ka divini entjèt?
Vésèl ka klaké kontinwèlman kont yonnalot
Mézon-an ka plen tout kalté son,
lapot ka bat ouvè fèmé, son pantouf asou lèskalyé
Pou an mouman mwen kwè I té ka pèd,
jistan mwen asiwé mwen wè'y glisé alé an kwen mé-
zon-an.

91

CATHERINE

Ou wè yo?

GARNIER

Pa chak lè, mé toujou apwé mwen tann son konn lanbi
kwiyé

Soti la Guerre pitèt.

CATHERINE

Vwéman?

GARNIER

Alò laplennli pwochenn-lan kay chans nou.

Dépi nou tann son konn lanbi-a sé pwépawé kò nou
pou atwapé'y.

CATHERINE

Kouman ou kay fè sa?

GARNIER

Ou kay envité'y soupé épi nou.

CATHERINE

Épi?

GARNIER

Ében I kay antwé manjé épi nou.

CATHERINE

Épi?

GARNIER

Mwen kay mannèvwé lèstan.

CATHERINE

Sa pakay éwisi

GARNIER

Pouki?

CATHERINE

Nou pa janmen envité'y avan, pouki apwézan?

GARNIER

Sé ou ki ka envite'y kouman. Envité'y an dimanch.

CATHERINE

Sé sennawiyo'w.

GARNIER

Sé an dwam nou ka jwé. Pa obliyé wol-ou.

CATHERINE

Épi wol sala? Ki sa I yé?

GARNIER

Ou sé fanm an plantè

CATHERINE

Sé pa posib pou mwen obliyé sa

GARNIER

Pa fwékanté lé nèg

CATHERINE

Ki sa ou ka pansé mwen fè?

GARNIER

Aji silon wòl ou

CATHERINE

Épi silon konsyans mwen

GARNIER

Menm wépons. Konsyans ou di. Aji silon wòl ou.

CATHERINE

Konsyans mwen sé pa menm ki sa ou

GARNIER

Non?

CATHERINE

San mwen soufwant

GARNIER

Ében sé laché'w ki kay soufwant si nou pa jwenn
Bwigan.
Sé anglé-a ja tounen kannou yo an diwèksyon nou.
Konpwann ko'w Catherine, sé vomyé nou twouvé'y
Oben nou pé twouvé lanmo nou.

CATHERINE

Ou pé twouvé lanmò'w?

GARNIER

Ki bétiz sa ou ka di-a Catherine?

CATHERINE

Ma sav Garnier
Tout sa pa toutafé konsèné Bwigan tousèl
Ou vwéman konpwann sa ou ka chaché fè-a?
Ou ka mandé mwen pou twayi Bernelle

94

GARNIER

Mwen ka mandé'w sové kò' w

Sové lavi nou, tout sa ki nou twavay pou

Si nou pa wendé sé anglé-a

Nou pé pèd tout.

Mé si nou wendé yo, yo Kay ban nou an koumansman nouvo

CATHERINE

Sa enposib. Garnier ou ka mandé mwen sédé dennyé kwas lan mwen ki mwen

ja tèlman débat épi tout fòs mwen pwézèvé lanmityé-a ki ka èkzisté ant mwen épi

Bernelle èk Bwigan sé denyé lyen ant lonnèté épi wèspé pou kò mwen ki wété an mwen.

Ou an lèwè si ou vwéman kwè ki anfon tjè mwen, mwen té ka wéjwi wichès clépodé nou

Padan sé nèg-la té ka swé san yo an sé savann kann lan.

Yo sé lézonm Garnier. Yo tout sé moun épi Bernelle, Bwigan, kon nou kapab wévé an mèyè

Lavi.

GARNIER

Non di Dyé, Catherine! Nou paka mennen yo épi nou

Ouvè zyé'w. Plan an sé pou fè wendé vwayajé wivé Trinidad.

CATHERINE

Épi afébli wézolv-li an konba wévolisyon'y lan

95

GARNIER

Pwésizéman. Épi mété anbout waj détwi-a I ka an-
nékoz-la.

Épi vwala konsa nou tout an geny.

Nou la, Bernelle épi nou, épi nou ka twouvé an chas
planté plantasyon nouvo Trinidad.

CATHERINE

Sé pa sa I vlé Garnier. I déziwé libèté'y.

GARNIER

Libèté koté? Tout isi pwòkè konplètman détwi. Yo ka
bwilé

Toutpatou kon sé Jan yo an Saint Domingue.

Kouman ou sa jwenn libèté asou tè mò, É ou ki sa ou
vlé Catherine?

(Garnier ka maché asou'y épi ka tjébé lanmen'y fè'y fè
fas épi'y.)

Ou ni pou apwann mété kò'w douvan an katjil ou. Yo
jenn, Catherine,

Yo ni pli tan, yo pa kon nou.

(I ka koumansé tousé. Tousé-a ka kontinwé.

Catherine ka alé pwan an vè dlo ba li.)

CATHERINE

Denmen sé lalin plenn. Bernelle kay èspéwé jistan nou
antwé domi

Pou glisé soti dèwo épi I kay fè witwèl li kon lakoutim.

CATHERINE (continued)

Si Bwigan ni antansyon vini, konn kay koné

É apwé sa, sa ou ni an lidé'w?

GARNIER

Anyen. Kité'y pwan wafwéchisman'y. Denmen ou kay

envité'y manjé épi nou.

(Nwèsè)

DÉZYENM AKT
DÉZYENM SENN

Ta an lajouné-a avan nwit. An lakou-a son lanmè épi apwé son tanbou. Bernelle ka pawèt abiyé an koulè blé épi blan épi ka koumansé dansé. Lè sa wivé an pwen asé ho, nou ka tann an son konn lanbi ka kontinwé plenn pou an bon mouman. Bernelle ka kontinwé dansé pandan an lonbwaj Bwigan ka jwenn épi'y tou vit épi pou an ti mouman jistan yo toulédé ka kité platfom-lan.

DÉZYENM AKT
TWAZYENM SENN

(Bonmaten, lilandanemen. Catherine an mitan li jour-
nal-li, lè Bernelle ka antwé.)

CATHERINE

Koté'y?

BERNELLE

I la ka posé toujou

CATHERINE

Ou ja fè'y sav nou envité'y?

BERNELLE

Ou ja pwan an disizyon?

CATHERINE

Pani dòt fason.

BERNELLE

Mwen té ja di'w mwen pakay fè'y.
Sa yo kay fè'y?

CATHERINE

Mwen pa sav

BERNELLE

Mwen paka kwè'w

CATHERINE

Ou konnèt mwen mèyè ki sa. Yo mandé mwen en-
vité'y, sé tout.

BERNELLE

Mé kouman ou té pé dakò épi an tèl disizyon?

BERNELLE (continued)

Ou di ou enmen'y. Ou di ou enmen nou, ou sé anmi nou.

CATHERINE

Sa dificil ich mwen

I sé mawi mwen

Épi apwé tout sé lavi nou menm ki an danjé

Ni san mwen , ni sa ou.

BERNELLE

Mé I ka débat pou détwi menm sistenm lan

Ou di ou tèlman hayi-a

Sé pou sa menm yo vlé'y détwi'y la

Épi ou sav sa.

Épi yo ka sèvi ou, mwen, pou zatwap kont li

Nou pa sa kité sa fèt.

CATHERINE

Annou konvèsé épi sé zom lan. Mwen épi mawi mwen.

Ou, épi Bwigan. Pitèt si Bwigan I menm délivwé kò'y an lanmen yo,

Nou pé plédé épi sé anglé-a pou pa touché lavi'y.

BERNELLE

Ou vwéman kwè nou pé ni konfyans an yo?

CATHERINE

Yo toujou ka antwé annakò

Toujou ka siyé twété pami yo yonn épi lot.

BERNELLE

Épi kasé yo osi. Mwen sav sé mawi'w

Mi I sé yonn pami yo

Ou pa sa mété konfyans ou an sé moun sala.

CATHERINE

Sa nga'y fè?

(Koud zéklè épi loway ka fèt pandan Catherine ka kité platfom lan.)

DÉZYENM AKT
KATWIYÈM SENN

Ta lajouné. Solèy ka kouché. An chanm Bernelle. Ber-
nelle ka pwépawé Sak vwayaj Bwigan.

(Bwigan ka antwé)

BERNELLE

Sé pou'w pati apwézan menm.

BWIGAN

Pwèskè èkzatman sa mwen menm té kay di'w. Mé sé
nou ki ni pou pati.

BERNELLE

Lavi'w an danjé.

BWIGAN

Sé moun lan ki fè-an nou sété machandiz vann an
danjé
Nou délivwé an danjé.

BERNELLE

Yo ni gwan soupé oswè-a. Ou pé sé yonn sé pla-a.

BWIGAN

Konplo yo kay wété téwé fon an tè kon manyòk ki
nga'y waché soti épi fésé asou sé woch-la
Yo pasa pwézonnen libèté nou. Épi sé pou lapéti'w épi
lapéti Catherine mwen pòkò détwi isi-a
Mé tout sa kay fini. Si yo ka chaché fè éklo pyès kalté
konplo pou étenm flanm

Libèté-a ka bwilé an tout kwen péyi sala sé yo menm

BWIGAN (continued)

kay jété ko yo an waj difé-a

(Son loway ka fèt)

BERNELLE

Ében nou sa pati tou dousman. Pèsonn pa oblijé soufè.

Annou pati épi lésé tout sa kon I yé.

BWIGAN

Sé pa sa mwen ka tann an vwa Ogun.

Pa yon bwik siposé wété doubout anlè lòt.

Sé sa nga tann an vwa Ogun. (Zéklè épi loway ka fèt)

Sé masonn sala enfèsté épi vyé lam méchan sé mèt-la,

ki la kon mové lèspwi ka pwotéjé byen lé volè

Non Bernelle chéwi, nou paka kité bagay sennésov kon

yo yé

Gwan mézon sala sé sa ka pli wépwésanté wézon an

pou tout kwiyoté yo

Do nou fann épi woti an solèy pou yo té pé viv konsa,

latilyé chanm, gani épi pli bèl mèb fabwiké an

Ewop…anlè klazon yo bèl potwé wa épi wenn

Zyé yo fwèt, lèv yo glasé

Mwen ka di bwilé tout sa olong chimen nou

(Tanbou ka wolé. Limyé anlè platfom lan ka bésé jistan

nwèsè ka kouvè Bernelle, épi klèté ka viwé anlè Cather-

ine asid an balkon'y.)

103

CATHERINE

(ka palé bay ko'y)

Mwen sé Madanm Mèt-la, mwen pasa obliyé obligasyon mwen.

Obliyé tout sa mwen dwé mawi mwen an sipò.

Sé pou mwen wépété sa kon an pwiyè

Si pou mwen pa janmen obliyé

Mwen pou doubout épi mawi mwen

Doubout épi santiman mwen

Doubout épi tjè mwen

Doubout épi konsyans mwen

Lam mwen menm.

Mwen sé an kwéatwis

Kouman mwen kay pé

Èkspwimé véwité mwen

Sé mwen kay bay vwa soufwans-la mwen ka wè

Anlè bitasyon-an

An lavi fòsé kon bèt

Ka fòse manman mètba kon fimel bèf annimo an

létjiwi

Ich ka woti anlè do fanm

Nonm kay fouyé tou an tè ki kon tou fòs yo menm

Ki mannyè sa pé pa boulvèsé

Tout la bonté ki ofon lam mwen menm

Épi lè-a ka bouyi san mwen

Sé pou an pèp viv an libèté

Épi obligasyon mwen sé pou wè lèslavaj abouti.

(Garnier ka antwé)

GARNIER

Ou avoté plan-an?

CATHERINE

Ou ka distwé….

GARNIER

Ki sa…?

CATHERINE

Mwen ka éséyé wété an limyè lam mwen

GARNIER

Ou té siposé ni'y ka soupé épi nou
Sa pa lè pou tèt ou vini vag

CATHERINE

Ou janmen pwan an ti chans konsidéwé lam ou?

GARNIER

Catherine, sa pa lè pou sa

CATHERINE

Wi, I sé lè-a pou sa

GARNIER

Sé anglé-a ka wivé anlè nou, nou té ni an akò épi yo

CATHERINE

An akò épi djab la

GARNIER

Nou ni pou pati kité isi-a (Son Tanbou)
Vini (I ka éséyé tjébé'y difòs)

GARNIER (continued)

Nou pa éwisi tjenn pati nou an akò-a

Pyès plan nou pa éwisi

Ou pa ka tann sé kannou-an ka pété?

Sé an batay jis olanmò

Nou ni pou chapé, fouté likan chapé kò nou isi

CATHERINE

Mwen paka alé épi'w

GARNIER

Désizyon-an ja fèt pou wou

Mété déotwa nésésité'w vitman adan an valiz

An chouval ja sélé bwidé

Nou sa wéfyijé Mon Fotunie

CATHERINE

Mwen pasa alé épi'w

Mwen osi mwen ka viv an lavi enchennen isi-a

Enchennen épi papa'w, épi papa mwen ki fè wanjman'y

Pou mwen twouvé kò mwen isi-a épi'w

Enchennen adan an sistenm bwital ka twété lézom pli

mal ki zannimo

Mwen pasa kontinwé fason sala

Fayit sala, anfondman sala sé an sin ki pou mwen

Lè-a wivé pou tout sa abouti

Ou pé pati. Alé wéjwi an lavantaj ou

Épi sé anglé-a

Kité yo fè'w dispawèt Martinique

CATHERINE (continued)

Mwen ka mété sò mwen épi sé wépibliken an

Épi sé nèg mawon-an!

Sé an batay san wésèv!

GARNIER

Dyé toupisan. Apwésan mwen sav ou vwéman pèd

sèvèl ou.

Mwen pa ni pyès lavantaj si mwen pa délivwé Bwigan.

CATHERINE

Sé konsa I yé!

GARNIER

Janmen! ou ka vini épi mwen (I ka sézi'y pa bwa)

(Tanbou ka woulé. Nwèsè)

DÉZYENM AKT
SENKYENM SENN

Bwigan épi Bernelle asou platfom-la lonjé anlè do yo,
kouché douvan gwan mézon-an. Ka bay yonnalot do.
Son tanbou ka bat bay yamaha. Yo ka dansé.

BWIGAN

Lè-a wivé

BERNELLE

Nou ka éwisi?

BWIGAN

Nou ka éwisi

BERNELLE

Mwen ni pou ay jwenn Catherine

BWIGAN

Pouki?
(Nou ka tann Catherine wélé. A koté dwèt pa anho
platfom-lan. I dèyè an vwèl. Nou ka wè Catherine
épi Mèt-la adan an konba. Catherine ni an bagay an
lanmen'y épi ka bay Mèt-la an kou an tèt. Mèt-la ka
tonbé.) (Son tanbou pli vit épi pli fò ka fèt pandan
Bwigan ka limen an flanbo. Bernelle ka swiv li épi yo
ka limen flanbo yonn apwé lot.)

BERNELLE

Caatherrine!! (Bernelle ka pati kouwi pa dèyè plat-
fom-lan)

BWIGAN

(Ka dansé épi ka koumansé délivwé an monnolog)

Oooooguuuunnn!

Yéeeeemayaaa!

Oooooshuuuuun!

Ouvèeeee…bayè-aaaa!

(Tanbou. I ka dansé)

Tout moun!

Bizwen libèté!

Mété difé pou tout kwiyoté

(Bernelle ka pawèt épi Catherine dousman. Yo ka vini ansanm épi Bwigan épi ka chanté, kon yo ka kontinwé pwi plas la difé.)

BWIGAN, CATHERINE, ÉPI BERNELLE

Ba nou lè, nou ka kwazé kolonm

Ba nou lè

Ba nou lè

Ba nou lè, nou ka kwazé kolonm

Ki lè I yé

Hi gas!

Ki lè I yé

Hi gas!

Ki lè I yé

Hi gas!

109

CATHERINE

Alé, vitman, I ni an chouval pawé dèyè mézon-an.
Sé divwa mwen pou…

BWIGAN

Bétiz. Nou paka kité'w dèyè. Anou alé.

CATHERINE

Koté?

BWIGAN ÉPI
BERNELLE

(Bwigan épi Bernelle, lanmen an lanmen, la ka gadé
olwen. Catherine ka vini jwenn yo.)
Nou ka pati ay Mon Repos
(Tanbou. Nwèsè. Apwé tout sé pèsonnaj-la ka wipawèt
pou chanté tèm lan, Mennen Mwen Mon Repos

LA FIN

www.ingramcontent.com/pod-product-compliance
Lightning Source LLC
Chambersburg PA
CBHW042102060426
42446CB00046B/3465